HISTÓRIA

ALEXANDRE ALVES
LETÍCIA FAGUNDES DE OLIVEIRA

CADERNO DE ATIVIDADES

NOME: _____ TURMA: _____

ESCOLA: _____

São Paulo – 1ª edição – 2018

Direção geral: Guilherme Luz
Direção editorial: Luiz Tonolli e Renata Mascarenhas
Gestão de projeto editorial: Tatiany Renó
Gestão e coordenação de área: Wagner Nicaretta (ger.) e Brunna Paulussi (coord.)
Edição: Leandro dos Reis Silva e Érica Lamas
Gerência de produção editorial: Ricardo de Gan Braga
Planejamento e controle de produção: Paula Godo, Roseli Said e Marcos Toledo
Revisão: Hélia de Jesus Gonsaga (ger.), Kátia Scaff Marques (coord.), Rosângela Muricy (coord.), Ana Paula C. Malfa, Brenda T. M. Morais, Claudia Virgilio e Celina I. Fugyama
Arte: Daniela Amaral (ger.), Claudio Faustino (coord.), Meyre Diniz e Simone Aparecida Zupardo Dias (edição de arte)
Diagramação: MRS Editorial
Iconografia: Sílvio Kligin (ger.), Denise Durand Kremer (coord.), e Iron Mantovanello (pesquisa iconográfica)
Licenciamento de conteúdos de terceiros: Thiago Fontana (coord.), Luciana Sposito (licenciamento de textos), Erika Ramires, Luciana Pedrosa Bierbauer, Luciana Cardoso e Claudia Rodrigues (analistas adm.)
Tratamento de imagem: Cesar Wolf e Fernanda Crevin
Ilustrações: Biry Sarkis e Milton Rodrigues Alves
Design: Gláucia Correa Koller (ger.), Flavia Dutra (proj. gráfico), Talita Guedes da Silva (capa) e Gustavo Natalino Vanini (assist. arte)

Todos os direitos reservados por Saraiva Educação S.A.
Avenida das Nações Unidas, 7221, 1º andar, Setor A –
Espaço 2 – Pinheiros – SP – CEP 05425-902
SAC 0800 011 7875
www.editorasaraiva.com.br

2023
Código da obra CL 800666
CAE 628128 (AL) / 628129 (PR)
1ª edição
8ª impressão

Impressão e acabamento: Bercrom Gráfica e Editora

Uma publicação

Apresentação

Este é o seu Caderno de Atividades.

Nele, você vai encontrar mais desafios para ajudar a ampliar seus conhecimentos e os conteúdos tratados no livro.

Bom trabalho e vamos lá!

Sumário

UNIDADE 1
O início da civilização 5
- Da vida nômade à vida sedentária 5
- O Estado e o papel da religião 8

UNIDADE 2
Quando o Brasil era de Portugal 9
- Império marítimo português 9
- A sociedade colonial 11

UNIDADE 3
O Brasil independente: nasce uma nação 13
- A família real no Brasil 13
- Brasil, um Estado, uma nação 15

UNIDADE 4
A cultura do café e o fim da escravidão 19
- Café e modernidade 19
- A sociedade se mobiliza pela abolição 21

UNIDADE 5
Brasil republicano 23
- Proclamação da República 23
- O Brasil no início da República 25
- As inovações tecnológicas 28

UNIDADE 6
O Brasil dos trabalhadores ... 29
- A dura rotina nas fábricas 29
- A luta dos trabalhadores 30
- Direitos para as mulheres 31
- Os trabalhadores conquistam direitos 33

UNIDADE 7
O Brasil se moderniza 34
- O que atraía as pessoas para as cidades? 34
- A construção de Brasília 35
- A conquista do sertão 37

UNIDADE 8
A ditadura militar e a volta da democracia 39
- Democracia e autoritarismo 39
- A resistência ao regime militar ... 42
- A abertura política e a volta da democracia 43

UNIDADE 9
Cidadania, uma luta de todos .. 44
- Uma luta constante 44
- Direito de ser igual e diferente ... 47

O início da civilização

Da vida nômade à vida sedentária

1 Observe a imagem, leia a legenda e responda às perguntas.

Sítio arqueológico de Çatal Huyük, no sul da atual Turquia. As ruínas das construções revelam a formação da cidade, com casas de tijolos unidas entre si e entrada pelo teto. Essas ruínas e os objetos encontrados nesse local são analisados por arqueólogos e pesquisadores que procuram entender como viviam os habitantes da antiga cidade. Foto de 2014.

a) Assinale a alternativa correta sobre o surgimento da cidade de Çatal Huyük.

☐ As primeiras cidades, tal como a de Çatal Huyük, foram criadas para que os nômades pudessem armazenar os frutos colhidos e a carne obtida da caça.

☐ Com a sedentarização, a cidade de Çatal Huyük e muitas outras cidades surgiram em diversas regiões do mundo, após a difusão da agricultura e da criação de animais.

b) Cite uma semelhança e uma diferença entre a cidade de Çatal Huyük e as cidades no presente.

2 Classifique as frases em **V** (verdadeiras) ou **F** (falsas).

☐ Antes do desenvolvimento da agricultura, os seres humanos viviam em pequenos grupos de caçadores-coletores que tinham um estilo de vida nômade.

☐ As pessoas dos grupos sedentários caçavam e coletavam os alimentos diretamente da natureza e, por isso, tinham de se deslocar frequentemente em busca de animais e vegetais que servissem de alimento.

☐ O desenvolvimento de técnicas agrícolas e da criação e domesticação de animais fez com que as pessoas migrassem de um local para outro.

☐ Alguns dos alimentos cultivados podiam ser armazenados para períodos de seca ou de escassez de alimentos.

☐ A mudança do nomadismo para o sedentarismo não aconteceu de uma hora para outra. Foi um processo lento, que demorou bastante tempo e não ocorreu em todos os lugares.

☐ Durante séculos, os povos nômades continuaram convivendo com povos sedentarizados. Há povos que seguiram vivendo de maneira nômade.

■ Reescreva as frases falsas, corrigindo-as.

....

....

....

....

....

....

3) Observe a imagem, leia a legenda e responda às perguntas a seguir.

Pintura egípcia antiga, de Nina M. Davies, 1936. (Réplica do afresco de Tebas, localizado na tumba de Menna.) Na tela, escravos colhendo, joeirando e debulhando o trigo.

a) Que atividade as pessoas retratadas estão realizando?

b) As pessoas retratadas na imagem viviam de maneira nômade ou sedentária? Justifique sua resposta.

4) Numere os acontecimentos na sequência em que ocorreram.

☐ A especialização das atividades possibilitou o desenvolvimento do comércio, pois os trabalhadores passaram a trocar seus produtos.

☐ A sedentarização provocou um aumento da oferta de alimentos para os seres humanos. Com isso, as comunidades se tornaram maiores, formando as primeiras vilas e cidades.

☐ O desenvolvimento do comércio ampliou as relações entre habitantes de cidades diferentes.

☐ A vida nas cidades e a menor preocupação em procurar alimentos possibilitaram que pessoas se especializassem em diferentes atividades. Assim, surgiram diversas profissões.

O Estado e o papel da religião

5 Leia as frases abaixo e identifique as causas e consequências dos fatos indicados no quadro a seguir. Escreva as letras correspondentes a cada uma delas.

A – O Estado exercia várias funções: manter a lei e a ordem nas cidades, protegê-las de invasões, coordenar as etapas dos trabalhos agrícolas e estabelecer regras para diversas profissões e para o comércio.

B – O aumento da população e o desenvolvimento de diversas profissões, a complexidade dos sistemas de irrigação e o surgimento do comércio provocaram mudanças no modo de vida das pessoas.

C – Houve a possibilidade de cultivar vegetais e de criar animais em regiões onde havia escassez de água.

D – O uso da água era necessário para a agricultura e para a pecuária.

Causas	Fatos	Consequências
	Surgimento do Estado	
	Desenvolvimento de canais de irrigação e armazenagem da água	

6 Responda às perguntas a seguir.

a) O que é patrimônio cultural?

....

....

b) Qual é a importância da preservação do patrimônio cultural?

....

....

UNIDADE 2

Quando o Brasil era de Portugal

Império marítimo português

1 As imagens ampliadas a seguir são detalhes de um antigo mapa do Brasil, publicado em 1556. Observe.

Brasil, de Giovanni Battista Ramusio, 1556.

a) O que pode ser observado na imagem **1**?

_____

_____

b) O que pode ser observado na imagem **2**?

_____

_____

c) As imagens retratam uma prática comum durante o século XVI. Que prática é essa?

_____

2 Assinale as afirmações corretas sobre as capitanias hereditárias.

☐ Uma das razões para a criação das capitanias hereditárias foi garantir a posse das terras que os portugueses encontraram na América.

☐ O principal objetivo da criação das capitanias era enriquecer os habitantes da colônia com a ajuda da metrópole.

☐ As capitanias eram chamadas de hereditárias porque podiam ser transmitidas aos descendentes dos administradores.

3 Relacione as frases com a legenda abaixo.

A – Governador-geral.
B – Governo-geral.
C – Capitanias hereditárias.
D – Donatário.
E – Metrópole.
F – Colônia.
G – Jesuíta.

☐ Nobre português a quem a metrópole doava faixas de terra no início da colonização portuguesa na América.

☐ Sistema criado com o objetivo de garantir a posse da colônia após o fracasso do sistema de capitanias.

☐ Portugal, terra natal dos donatários e para onde eram enviadas as riquezas encontradas na colônia.

☐ Padre missionário que tinha o objetivo de catequizar os indígenas.

☐ Faixas de terra concedidas pelo rei de Portugal a nobres portugueses.

☐ Pessoa encarregada de administrar e garantir o desenvolvimento da colônia após o fracasso do sistema de capitanias.

☐ Conjunto de terras ocupadas por portugueses na América.

A sociedade colonial

4 Leia o texto abaixo e responda às perguntas.

> **A escravidão indígena: "Os negros da terra"**
>
> Quando se fala em escravo, todo mundo pensa logo no negro, trazido da África, [...] porque pouco se conhece sobre a escravidão indígena. Na realidade, os primeiros escravos do Brasil foram os índios, também chamados na documentação oficial de "negros da terra" ou "gentio da terra".
>
> No litoral brasileiro, não havia pessoas livres que aceitassem trabalhar em troca de um salário, nem um mercado onde se pudesse comprar gêneros alimentícios. Por isso, os portugueses argumentavam que a escravização dos índios era a única alternativa que tinham [...].
>
> FREIRE, José Ribamar Bessa; MALHEIROS, Márcia Fernanda. Os aldeamentos indígenas do Rio de Janeiro. **Educação Pública**. Disponível em: <www.educacaopublica.rj.gov.br/biblioteca/historia/0039_09.html>. Acesso em: jun. 2018.

a) De acordo com o texto, como eram chamados os indígenas escravizados?

b) Qual era a justificativa dos portugueses para a escravização dos indígenas?

c) Você concorda com a atitude dos portugueses? Por quê?

5) Observe a imagem abaixo e responda às perguntas a seguir.

Uma senhora de algumas posses em sua casa, de Jean-Baptiste Debret, 1823 (aquarela sobre papel, de 16,2 cm × 23 cm).

a) Em que lugar as pessoas da imagem estão? O que elas parecem estar fazendo?

b) Que mulheres ocupam a posição central da imagem?

c) As mulheres de origem africana não foram retratadas pelo artista da mesma forma que as mulheres de origem europeia. Que diferenças podem ser observadas entre elas na pintura?

O Brasil independente: nasce uma nação

A família real no Brasil

1 No quadro, assinale com um **X** para indicar a qual país cada frase se refere.

	Portugal	Inglaterra	França
Em 1807, ameaçou invadir Portugal, fazendo com que a Corte portuguesa se mudasse para o Brasil.			
Após a industrialização, estabeleceu um comércio vantajoso com Portugal: comprava matérias-primas e vendia produtos manufaturados.			
Chegou ao início do século XIX enfraquecido e dependente economicamente da riqueza vinda de suas colônias e dos produtos manufaturados importados de outros países.			

2 Enumere os fatos descritos na ordem em que ocorreram.

☐ A Corte portuguesa desembarcou no Rio de Janeiro.

☐ O príncipe dom João decidiu transferir a Corte portuguesa para o Brasil.

☐ Portugal foi ameaçado de invasão.

☐ A Corte portuguesa chegou a Salvador.

③ Leia as frases que caracterizam a situação do Brasil antes e depois da transferência da Corte portuguesa para a colônia. Em seguida, classifique-as de acordo com a legenda.

A – Antes da transferência da família real portuguesa para a América.

D – Depois da transferência da família real portuguesa a América.

☐ Todas as decisões políticas do Império passaram a ser tomadas em sua sede, Rio de Janeiro, e não mais em Lisboa.

☐ As decisões políticas eram tomadas em Portugal e implantadas no Brasil.

☐ Ocorreu a abertura dos portos às nações amigas, quando o Brasil passou a ser livre para fazer comércio com qualquer outro lugar do mundo.

☐ O Brasil passou a ser sede de todo o Império português.

☐ A capital, Rio de Janeiro, era uma cidade pouco desenvolvida, sem nenhum banco ou biblioteca, por exemplo.

④ Leia as frases sobre as mudanças no Rio de Janeiro no início do século XIX e classifique-as em V (verdadeiras) ou F (falsas).

☐ No início do século XIX, o Rio de Janeiro era uma cidade agitada e cosmopolita.

☐ A principal beneficiada pela abertura dos portos às nações amigas foi a Inglaterra.

☐ O Rio de Janeiro se tornou capital do Brasil após a vinda da família real portuguesa.

☐ Com a chegada da Corte portuguesa à América, ocorreram muitas mudanças no Rio de Janeiro.

Brasil, um Estado, uma nação

5 Observe as imagens a seguir.

Detalhe de **Embarque para o Brasil do príncipe regente de Portugal, D. João VI, e de toda a família real**, de Nicolas Delerive, 1807 (óleo sobre tela).

Sessão do Conselho de Estado, de Georgina de Albuquerque, 1922 (óleo sobre tela).

Sessão das Cortes de Lisboa, de Oscar Pereira da Silva, 1922 (óleo sobre tela).

- Agora, com base no que você observou, escreva um resumo dos acontecimentos retratados nas pinturas.

_____
_____
_____
_____
_____

6 Observe a imagem e responda às perguntas a seguir.

A Proclamação da Independência, de François-René Moreaux, 1844 (óleo sobre tela, de 2,44 m × 3,83 m).

a) Que acontecimento é retratado na pintura?

b) Que personagem é retratado com maior destaque?

c) Na sua opinião, o artista procurou retratar o evento como algo positivo ou negativo? Por quê?

7 Leia o texto e responda à pergunta.

> ### Dona Leopoldina e sua atuação política
>
> [...] Casou-se [...] com Dom Pedro de Alcântara [...] em 13 de maio de 1817 [...]. Chegou ao Rio de Janeiro, então sede do Reino Unido, em novembro do mesmo ano. [...]
>
> Com o retorno de Dom João VI a Portugal, em abril de 1821, o casal herdeiro ficou no Brasil. [...]
>
> No movimento que culminou com a emancipação política do Reino do Brasil, Dona Maria Leopoldina [...] assumiu a liderança encaminhando os passos de seu marido. Em agosto de 1822, ela ocupava a posição de regente do Reino do Brasil, em nome de Dom Pedro, quando este visitava as Minas Gerais e São Paulo. Presidindo o Conselho de Estado, Dona Maria Leopoldina [...] assinou [cartas] [...] ao príncipe regente, Dom Pedro, aconselhando-o a romper definitivamente com Portugal. [...]
>
> Em 1º de dezembro de 1822, D. Pedro I e D.ª Maria Leopoldina foram coroados como sendo os primeiros imperadores do Brasil, na Igreja de Nossa Senhora do Monte do Carmo, a Catedral Velha do Rio de Janeiro. Em 25 de março de 1824, o casal imperial jurou a Constituição do país. [...]
>
> MENCK, José Theodoro Mascarenhas. Imperatriz Leopoldina. **Câmara dos Deputados**. Disponível em: <www2.camara.leg.br/comunicacao/camara-noticias/camara-destaca/200-anos-de-independencia-do-brasil/imperatriz-leopoldina>. Acesso em: jun. 2018.

Leopoldina, arquiduquesa d'Áustria, de Jean-François Badoureau, da primeira metade do século XIX (gravura de 59,5 cm × 45 cm).

■ Qual foi a influência de dona Leopoldina no movimento que resultou na independência do Brasil?

8 Assinale as frases corretas sobre a primeira Constituição do Brasil.

☐ Toda a população brasileira conquistou o direito à cidadania política, ou seja, o direito de eleger seus representantes.

☐ Apenas homens livres maiores de 25 anos com renda mínima de 100 mil réis por ano podiam exercer a cidadania e eleger seus representantes.

☐ Estavam excluídos do direito ao voto: as mulheres e os cidadãos com renda menor do que 100 mil réis.

☐ As pessoas escravizadas podiam votar e eram consideradas cidadãs.

9 Leia um trecho da Constituição do Império do Brasil, escrita original de 1824. Depois, responda às perguntas.

> Art. 98. O Poder Moderador é a chave de toda a organisação Politica, e é delegado privativamente ao Imperador, como Chefe Supremo da Nação, e seu Primeiro Representante [...].
>
> Art. 101. O Imperador exerce o Poder Moderador
> [...]
>
> Art. 116. O Senhor D. Pedro I, por Unanime Acclamação dos Povos, actual Imperador Constittucional, e Defensor Perpetuo, Imperará sempre no Brazil.
>
> BRASIL. Constituição Politica do Imperio do Brazil (de 25 de março de 1824). **Presidência da República**. Disponível em: <www.planalto.gov.br/ccivil_03/constituicao/constituicao24.htm>. Acesso em: jun. 2018.

a) De acordo com o texto, qual era o cargo político mais importante do Império? Quem ocupava esse cargo?

b) O que dizia o texto da Constituição sobre o tempo de permanência do imperador no poder?

A cultura do café e o fim da escravidão

Café e modernidade

1 Observe as imagens e responda às perguntas.

Anúncio publicitário da fábrica de chocolate e café Bhering. Foto do início do século XX.

Estação ferroviária Alto da Serra (atual Paranapiacaba), no estado de São Paulo, em 1885, aproximadamente.

a) Que aspectos da modernização do Brasil são mostrados nas imagens?

b) Qual era a origem de grande parte do dinheiro utilizado na modernização do Brasil no século XIX?

2 A construção de ferrovias cresceu bastante em São Paulo durante o século XIX. Observe o mapa e responda às questões.

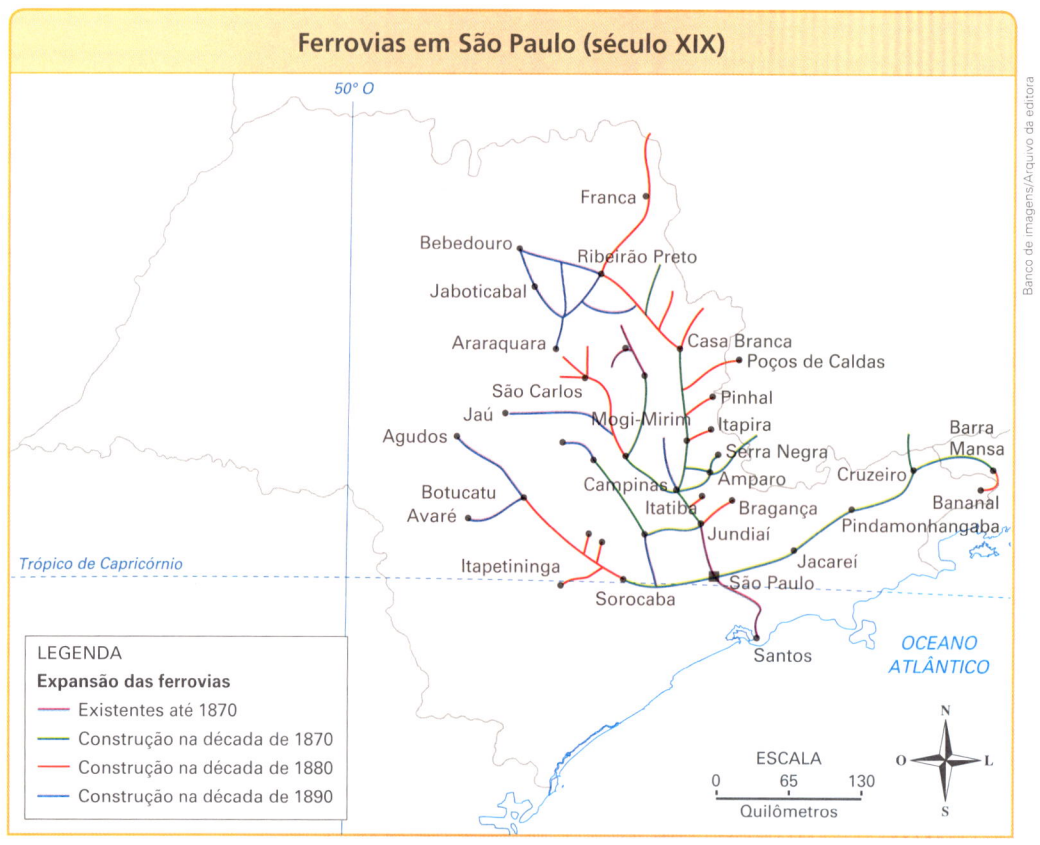

VICENTINO, Claudio. **Atlas histórico:** geral e do Brasil. São Paulo: Scipione, 2011. p. 129.

a) Que relação pode ser observada entre a construção das ferrovias e a expansão da produção cafeeira no século XIX?

b) Que cidade mostrada no mapa era o destino do café transportado nas ferrovias? Por que o café era transportado até essa cidade?

A sociedade se mobiliza pela abolição

3 Leia o texto e, de acordo com as informações dele, responda às perguntas a seguir.

> Logo no primeiro século de colonização portuguesa do Brasil já se tem notícia da formação dos "quilombos", lugares onde viviam os negros fugidos que passam a formar um novo agrupamento social, [...] dedicado à caça, à pesca e à agricultura de subsistência. Quilombos houve, como os dos Palmares, localizados na região da Serra da Barriga no atual estado de Alagoas, num conjunto de aldeamentos onde viviam negros, índios e mestiços. Os palmarinos resistiram à repressão por mais de sessenta anos – entre 1620 e 1680 [...].
>
> Milhares de outros quilombos foram constituídos não só no período colonial e de dominação de Portugal, como também durante o Império, já após a Independência. [...]
>
> A intenção de apresentar [...] estes antecedentes foi [...] deixar claro que o desejo de liberdade dos negros fez parte do seu quotidiano desde o momento do seu aprisionamento.
>
> MENEZES, Jaci Maria Ferraz de. Abolição no Brasil: a construção da liberdade. **Revista HISTEDBR *On-line***, Unicamp, Campinas, n. 36, dez. 2009, p. 84-85. Disponível em: <www.histedbr.fe.unicamp.br/revista/edicoes/36/art07_36.pdf>. Acesso em: jul. 2018.

a) Quem vivia nos quilombos?

b) Quais atividades eram desenvolvidas nos quilombos?

c) Por que os quilombos eram formados?

4 As imagens abaixo apresentam práticas culturais afro-brasileiras consideradas patrimônio imaterial do Brasil.

Ofício das baianas do acarajé em Porto Seguro, estado da Bahia. Foto de 2017.

Festa e lavagem das escadarias da igreja do Nosso Senhor do Bonfim em Salvador, na Bahia. Foto de 2018.

Apresentação de capoeira na cidade do Rio de Janeiro. Foto de 2015.

Samba de roda do Recôncavo Baiano em Santo Amaro, na Bahia. Foto de 2017.

a) Todas as manifestações culturais representadas nas fotografias são práticas do mesmo tipo?

b) Na sua opinião, preservar essas manifestações culturais é importante? Justifique sua resposta.

Brasil republicano

Proclamação da República

1 Marque com um **X** as razões do descontentamento de cada setor da sociedade brasileira com a monarquia no século XIX.

	Militares	Proprietários de terras	Igreja católica	Cafeicultores paulistas e estancieiros gaúchos
Condenavam a interferência do imperador em seus assuntos internos.				
Demonstravam insatisfação com a proibição do trabalho escravo.				
Queriam ampliar sua participação no governo.				
Sentiam-se pouco valorizados pelo governo monárquico.				

■ Agora, responda: Que tipo de governo esses grupos desejavam que fosse implantado no Brasil? Qual é a principal característica desse tipo de governo?

23

2 É correto afirmar que a Proclamação da República foi uma iniciativa popular? Por quê?

_____

_____

_____

3 Observe a imagem ao lado e leia a legenda.

- Na imagem, o representante do exército foi retratado de forma positiva ou negativa pelo artista? Justifique sua resposta.

_____

_____

_____

_____

Marechal Deodoro da Fonseca proclamando a República, em 1889, de Henrique Bernardelli (óleo sobre tela), de cerca de 1892.

4 Sobre as eleições de cabresto, assinale as frases corretas.

☐ Esse tipo de eleição era controlado por ricos proprietários de terras, chamados de coronéis.

☐ Os militares eram obrigados a votar nos candidatos indicados pelos coronéis.

☐ O voto de mulheres era permitido nos casos das pessoas ricas.

☐ Falsificações e ameaças estavam entre as práticas adotadas para garantir que um candidato fosse eleito.

O Brasil no início da República

5 O quadro abaixo apresenta algumas leis publicadas no Brasil durante o século XIX. Observe.

Ano	Nome
1850	Lei Eusébio de Queirós
1871	Lei do Ventre Livre
1885	Lei dos Sexagenários
1888	Leia Áurea

- Agora, responda às perguntas a seguir.

   a) Qual era o assunto principal dessas leis?

   b) Que relação pode ser estabelecida entre essas leis e a chegada de imigrantes ao Brasil a partir do final do século XIX?

   c) De que lugares esses imigrantes vinham? Cite dois.

   d) Qual era o principal produto cultivado nas fazendas que receberam os imigrantes no final do século XIX?

6) Observe a imagem e leia a legenda.

Rua da Carioca, no Rio de Janeiro, durante as obras de alargamento e saneamento, em 1906.

- Agora, responda:

a) O que a fotografia retrata?

b) A fotografia revela uma cena retratada em que século?

c) Em que lugar essa cena ocorreu?

d) Que tipo de mudanças marcaram essa e outras cidades brasileiras na época?

Leia o texto abaixo e responda às perguntas.

> **A Revolta da Vacina**
>
> Apesar das divergências estatísticas, sabe-se que a Revolta da Vacina, ocorrida em 1904, foi o maior motim da história do Rio de Janeiro. [...] A resistência da população contra a obrigatoriedade da vacina, que tinha a intenção de prevenir o contágio da varíola, foi o fósforo que acendeu o fogo. Mas muitos ingredientes já fervilham no caldeirão em que havia se transformado a cidade do Rio de Janeiro no início do século XX. Uma cidade com cerca de 700 mil habitantes e graves problemas urbanos: rede insuficiente de água e esgoto, toneladas de lixo nas ruas, cortiços superpovoados. Um ambiente propício à proliferação de várias doenças, como tuberculose, hanseníase, tifo, sarampo, escarlatina, difteria, coqueluche, febre amarela e peste bubônica. O Rio era conhecido pelos imigrantes que aqui aportavam como "túmulo dos estrangeiros".
>
> SOUZA, Patrícia Melo. A Revolta da Vacina. **Biblioteca Nacional Digital**. Disponível em: <https://bndigital.bn.gov.br/dossies/rede-da-memoria-virtual-brasileira/politica/a-revolta-da-vacina/>. Acesso em: jul. 2018.

a) Qual é o assunto principal do texto?

b) Qual era objetivo do governo ao determinar a vacinação obrigatória?

c) Sublinhe no texto o trecho que descreve a situação do Rio de Janeiro no início do século XX.

d) Na sua opinião, por que o Rio de Janeiro era conhecido como "túmulo dos estrangeiros"?

As inovações tecnológicas

8 Observe as imagens abaixo e responda às perguntas.

Avenida Paulista no dia de sua inauguração, de Jules Victor André Martin, 1891 (aquarela sobre papel, de 80 cm × 59 cm).

Vista de tráfego na Avenida Paulista, na cidade de São Paulo, em 1927, aproximadamente.

a) Quantos anos se passaram entre a pintura e a fotografia?

b) Que inovações tecnológicas podem ser observadas na fotografia?

O Brasil dos trabalhadores

A dura rotina nas fábricas

1 Leia as frases sobre as condições de trabalho na indústria brasileira no início do século XX. Depois, classifique-as em **V** (verdadeiras) ou **F** (falsas).

☐ Diversas leis garantiam os direitos dos trabalhadores.

☐ O trabalho nas fábricas era bastante duro.

☐ A jornada de trabalho chegava a dezesseis horas por dia, os salários eram baixos, os acidentes frequentes e as condições de trabalho, péssimas.

☐ O trabalho de mulheres e crianças era evitado nas fábricas, porque elas ganhavam mais que os homens adultos.

☐ Por trabalharem muitas horas, as mulheres operárias tinham dificuldade para cuidar dos filhos.

☐ As crianças operárias geralmente tinham oportunidade de ir à escola.

☐ Quando as empresas enfrentavam algum problema econômico, muitos trabalhadores eram demitidos sem nenhum tipo de compensação, e os que ficavam podiam ter seus salários reduzidos.

☐ Muitas indústrias davam preferência à contratação de imigrantes, que, em sua maioria, já tinham alguma noção do processo industrial.

■ Reescreva as frases falsas, corrigindo-as.

A luta dos trabalhadores

2 Leia o texto e responda às questões.

> Em julho de 1917, uma greve de enormes proporções, envolvendo cerca de 100 mil trabalhadores, homens, mulheres e crianças, paralisou São Paulo [...].
>
> A greve teve início no bairro da Mooca, na zona leste de São Paulo, área de concentração de indústrias e de trabalhadores, no Cotonifício Crespi, no dia 8 de junho de 1917. Na fábrica Crespi, cerca de 400 operários iniciaram o movimento reivindicando um aumento salarial [...] e protestando contra a extensão do horário de trabalho noturno, imposto pela fábrica [...].
>
> A paralisação foi decidida pelos operários da fábrica, reunidos na Liga Operária da Mooca. A fábrica ameaçou demitir todos os trabalhadores se não voltassem ao trabalho, mas o movimento continuou e, a partir dessa primeira fábrica, foi se ampliando dia a dia e tomou enormes proporções nas semanas que se seguiram [...].
>
> À greve geral de São Paulo seguiram-se várias outras em diversas partes do país. Verdadeiras multidões saíram às ruas para protestar e reivindicar. [...]
>
> TOLEDO, Edilene. Um ano extraordinário: greves, revoltas e circulação de ideias no Brasil em 1917. **Estudos Históricos Rio de Janeiro**, v. 30, n. 61, maio/ago. 2017, p. 499.

a) Qual é o assunto principal do texto?

b) Por que esse movimento histórico teve início no bairro da Mooca, na zona leste de São Paulo?

c) Sublinhe no texto as reivindicações dos operários.

d) Mesmo ameaçados pelos donos das fábricas, os operários mantiveram o movimento de protesto e as reivindicações. O que essa atitude gerou?

Direitos para as mulheres

3 Observe a fotografia e leia a legenda.

Trabalhadoras da indústria de Seda Nacional em Campinas, no estado de São Paulo, em 1923.

a) Que função exerciam as mulheres retratadas na fotografia?

b) Além do trabalho nas fábricas, como era a rotina das mulheres operárias?

c) E atualmente, você acha que isso ainda acontece? Como é a rotina das mulheres que trabalham fora? Escreva o que você sabe sobre o assunto.

4) Leia a reportagem e responda às questões.

> As desigualdades salariais entre homens e mulheres ainda persistem no Brasil. Mesmo obtendo a maioria dos diplomas de curso superior no Brasil, a população feminina ainda ganha menos, ocupa menos cargos de chefia e passa mais tempo cuidando de pessoas ou de afazeres domésticos do que os homens. Esse é o quadro mostrado pelo estudo "Estatísticas de Gênero: indicadores sociais das mulheres no Brasil", divulgado pelo IBGE (Instituto Brasileiro de Geografia e Estatística) na véspera do Dia Internacional da Mulher.
>
> MONZILLO, Marina. Mesmo estudando mais, mulheres ganham menos que homens. **Veja Economia**, 7 mar. 2018. Disponível em: <https://veja.abril.com.br/economia/mesmo-estudando-menos-mulheres-ganham-menos-que-homens/>. Acesso em: abr. 2018.

a) Qual é o assunto principal da reportagem? Ela revela dados recentes ou antigos?

b) Segundo os dados da reportagem, qual é a condição das mulheres no mercado de trabalho brasileiro?

c) No Brasil, a divisão das atividades domésticas entre homens e mulheres é igual? Explique.

Os trabalhadores conquistam direitos

5 Observe a imagem abaixo.

Crianças trabalhadoras em fábrica de bebidas em São Paulo, em 1910.

a) A fotografia mostra crianças trabalhando em uma indústria. Essa atividade é adequada à idade delas? Justifique sua resposta.

b) Atualmente, o trabalho infantil é proibido no Brasil. Será que sempre foi assim?

6 Cite dois direitos conquistados pelos trabalhadores brasileiros depois da greve de 1917.

O Brasil se moderniza

O que atraía as pessoas para as cidades?

1 Leia a reportagem e faça o que se pede.

> [...] Lenilde R. S., 63 anos, saiu de uma das comunidades mais pobres do interior de Sergipe, o Distrito de Malhadas, na cidade Jaboatã. Em fevereiro de 1978, em uma viagem longa, feita a bordo de ônibus e de trem, seguiu, com o marido, cinco filhos pequenos e uma sobrinha, em direção ao bairro Parque das Bandeiras, na Área Continental de São Vicente [estado de São Paulo]. Começava ali a história de uma grande família na Baixada Santista.
>
> "A situação era muito difícil lá. Meu marido veio primeiro. Ficou quatro anos e meio trabalhando em Cubatão e depois foi nos buscar", conta a dona de casa. Sozinha, com cinco crianças no sertão nordestino, ela se viu obrigada a trabalhar nas plantações de uma fazenda para sustentar a família. "Às vezes, trabalhava para ganhar um quilo de farinha. Quando chegava ia para o rio pescar para dar mistura para os filhos", relembra. [...]
>
> Migrantes nordestinos contam suas histórias ao *Diário do Litoral*. **Diário do Litoral**. Disponível em: <www.diariodolitoral.com.br/cotidiano/migrantes-nordestinos-contam-suas-historias-ao-diario-do-litoral/45143/>. Acesso em: abr. 2018.

a) Qual é o assunto da reportagem? Marque com um **X**.

☐ O depoimento e as memórias de Lenilde.

☐ A carta escrita por Lenilde ao marido e aos filhos.

b) Sublinhe no texto o trecho que descreve como era a vida de Lenilde no Sertão nordestino.

c) Diante das dificuldades que a família passou, qual decisão eles tomaram?

_____

_____

A construção de Brasília

2 Leia o texto abaixo sobre a construção de Brasília e responda às questões.

As primeiras obras da cidade começaram em 1956, mas a ideia de estabelecer a capital do Brasil no interior do país nasceu ainda no século 18. [...]

Obstáculos políticos, econômicos e logísticos retardaram o projeto por décadas, até que, em meados dos anos 50, quando iniciou sua campanha à presidência, Juscelino Kubitschek incluiu a construção da nova capital como prioridade no seu plano de governo.

Com Juscelino eleito presidente, a cidade finalmente deixaria de ser apenas um artigo da Constituição para se tornar uma realidade. "Além da arquitetura, que através dos projetos arrojados dos edifícios públicos deveria projetar as imagens do futuro da nação, a própria vida em Brasília deveria contribuir para a construção de uma imagem de modernidade" [...]. Em 21 de abril de 1960 uma festa na Praça dos Três Poderes marcou a inauguração oficial da nova capital. [...]

Como foi a construção de Brasília? **Mundo Estranho**. Disponível em: <https://mundoestranho.abril.com.br/historia/como-foi-a-construcao-de-brasilia/>. Acesso em: jul. 2018.

Inauguração de Brasília, no Distrito Federal, em 1960.

a) Um dos aspectos do governo de Juscelino era também um dos objetivos da construção de Brasília. Que característica era essa?

b) Quais foram os objetivos da construção de Brasília?

3) Observe a imagem ao lado e leia a legenda.

Os Candangos, monumento criado por Bruno Giorgi, está localizado na Praça dos Três Poderes, em Brasília. Originalmente chamava-se **Os Guerreiros**. Foto de 2014.

a) A quem o monumento faz homenagem?

b) Por que você acha que o artista inicialmente deu o nome à escultura de *Os Guerreiros*?

A conquista do sertão

4 Observe o mapa ao lado.

Brasil: expedição Roncador-Xingu

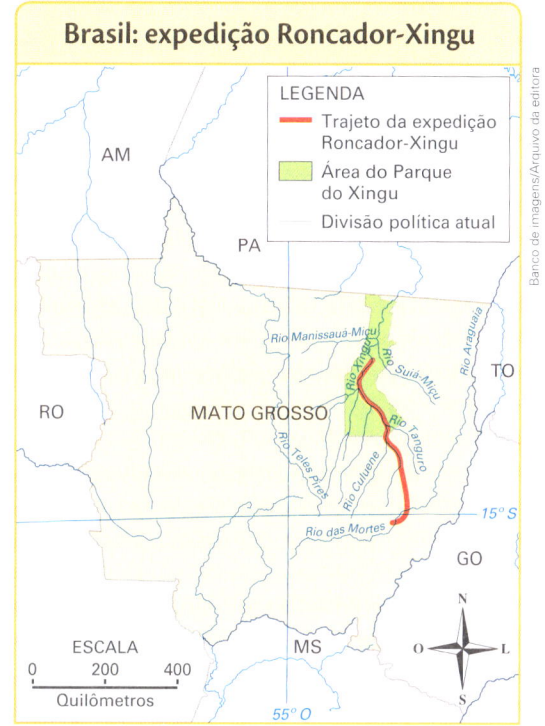

Mapa elaborado pelos autores em 2018 com dados de: IBGE. **Atlas geográfico escolar**. Rio de Janeiro, 2007.

a) Qual estado foi percorrido pela expedição Roncador-Xingu?

_____

b) Que mudanças ocorreram nas regiões percorridas pela expedição?

_____

_____

c) Qual é a relação entre a formação do Parque do Xingu e a Marcha para o Oeste que faz parte da expedição Roncador-Xingu?

_____

_____

_____

5 Leia as perguntas sobre a população que habita a região da Floresta Amazônica atualmente e relacione-as às respostas corretas.

A – Essa população é formada por quais comunidades?

B – Por que essas comunidades são chamadas de comunidades tradicionais?

C – Qual é a importância dessas comunidades para a preservação e a manutenção dos recursos da Floresta Amazônica?

D – O que ameaça o modo de vida dessas comunidades?

☐ O modo de vida das comunidades tradicionais não agride o meio ambiente, e seus conhecimentos sobre a floresta são fundamentais para o desenvolvimento de novos medicamentos e terapias.

☐ Porque preservam rituais religiosos, costumes e conhecimentos transmitidos de geração em geração.

☐ O conflito pela terra, a ação de garimpeiros e madeireiros ilegais e os desmatamentos destinados à pastagem.

☐ Indígenas, comunidades quilombolas e povos ribeirinhos.

6 A charge ao lado critica uma das atuais ameaças às populações tradicionais da Floresta Amazônica.

- Que ameaça é essa?

A ditadura militar e a volta da democracia

Democracia e autoritarismo

1 Quais são as características de um governo democrático? Marque com um **X**.

☐ Garante o direito à liberdade de expressão do pensamento.

☐ Os direitos e a liberdade dos cidadãos não são garantidos.

☐ O Poder Executivo controla o Legislativo e o Judiciário.

☐ Garante os direitos a um trabalho digno, à educação e à saúde.

☐ Não há liberdade de expressão e a sociedade é proibida de se organizar para reivindicar direitos.

☐ Garante o direito a um julgamento justo e a não ser punido ou condenado sem razão.

2 Numere os acontecimentos na sequência em que ocorreram.

☐ João Goulart foi deposto pelo Congresso Nacional.

☐ Entre 1961 e 1964, o Brasil era governado pelo presidente João Goulart. Seu governo foi marcado pela instabilidade política e econômica e suas reformas não agradaram alguns setores da sociedade.

☐ Tropas do Exército, com o apoio de parte da sociedade, invadiram as ruas da capital e das principais cidades brasileiras.

☐ O governo federal foi assumido pelo Comando Revolucionário dos militares, concluindo o golpe de Estado.

■ Qual é a consequência dessa série de fatos históricos?

☐ A Monarquia foi restituída no Brasil.

☐ O Brasil passou a ser governado por uma junta militar que instituiu uma ditadura no país.

3 Observe a fotografia, leia a legenda e responda às perguntas.

Repressão a populares durante missa de sétimo dia do estudante morto durante manifestação estudantil contra a ditadura, no Rio de Janeiro, em 1968.

a) Em que ano a fotografia foi tirada?

_____

b) O que ocorria no cenário político do Brasil nessa época?

☐ O Brasil passava pelo período mais duro da ditadura conhecido como "anos de chumbo".

☐ Tinha início o chamado Plano de Metas lançado pelo presidente da República, Juscelino Kubitschek (JK).

c) A fotografia revela um aspecto que caracterizou o período em que o Brasil foi governado pelos militares. Qual? Explique.

_____

_____

_____

_____

4 Encontre, no diagrama a seguir, as palavras que completam corretamente as frases sobre a situação econômica, política e social no Brasil entre 1964 e 1985.

a) Os _____ pretendiam transformar o Brasil em uma grande potência econômica.

b) O Brasil foi aberto para investimento _____ e iniciou grandes projetos de infraestrutura, como a usina hidrelétrica de _____ e a rodovia Transamazônica.

c) As medidas econômicas tomadas nesse período ficaram conhecidas como "_____ econômico".

d) Durante o governo militar, o povo brasileiro viveu períodos de _____ e violência.

e) A produção industrial e as exportações cresceram no Brasil no período da _____ militar.

f) Houve diminuição dos salários e _____ da desigualdade social.

A	M	T	D	E	J	F	R	U	I	T	A
S	I	W	I	E	R	I	T	A	I	P	U
F	L	R	T	I	P	O	A	S	D	F	M
M	I	L	A	G	R	E	K	J	H	G	E
I	T	E	D	Z	X	C	V	B	N	N	N
R	A	A	U	T	R	E	N	R	T	Y	T
Y	R	G	R	E	P	R	E	S	S	Ã	O
A	E	S	A	D	F	G	H	J	K	L	E
E	S	T	R	A	N	G	E	I	R	O	T

A resistência ao regime militar

5 Leia um trecho da letra da música de Geraldo Vandré, composta no início da ditadura militar.

Pra não dizer que não falei das flores

Caminhando e cantando
E seguindo a canção
Somos todos iguais
Braços dados ou não
Nas escolas, nas ruas
Campos, construções
Caminhando e cantando
E seguindo a canção
Vem, vamos embora
Que esperar não é saber
Quem sabe faz a hora
Não espera acontecer [...]
Pelos campos há fome
Em grandes plantações
Pelas ruas marchando
Indecisos cordões

Ainda fazem da flor
Seu mais forte refrão
E acreditam nas flores
Vencendo o canhão [...]

Há soldados armados
Amados ou não
Quase todos perdidos
De armas na mão
Nos quartéis lhes ensinam
Uma antiga lição
De morrer pela pátria
E viver sem razão [...]

VANDRÉ, Geraldo. Pra não dizer que não falei das flores. Intérprete: Geraldo Vandré. In: **Geraldo Vandré** (Gravado ao vivo no Maracanãzinho, Rio de Janeiro, 1968). São Paulo: Discos RGE-Fermata, 1979. LP. Faixa 1.

a) Sublinhe na canção o trecho que se refere aos militares.

b) Contorne o trecho que denuncia problemas sociais no campo.

c) Para o compositor, é razoável a lição ensinada nos quartéis aos soldados?

A abertura política e a volta da democracia

6 Complete a linha do tempo com a data correspondente a cada acontecimento histórico ocorrido no Brasil entre 1978 e 1988.

Ano: ....

Início de uma série de greves e de manifestações contra o governo militar.

Ano: ....

Anulação dos decretos que mantinham a repressão e a censura. Anistia "ampla, geral e irrestrita" a todas as pessoas perseguidas pelo regime militar. Restauração dos direitos políticos suspensos pelos atos institucionais.

Ano: ....

Movimento conhecido como Diretas Já!

Ano: ....

O primeiro civil a chegar ao poder político no Brasil desde o golpe militar de 1964.

Ano: ....

O Brasil ganhou uma nova Constituição, concluindo o retorno da democracia.

- O que esses acontecimentos da linha do tempo revelam? Assinale com um **X**.

☐ As lutas da sociedade civil por seus direitos não trouxeram mudanças para os cidadãos brasileiros.

☐ A resistência e os protestos da sociedade civil foram importantes para o fim da ditadura no Brasil.

Cidadania, uma luta de todos

Uma luta constante

1 Movimentos populares e organizações não governamentais (ONGs) são formas de as pessoas se unirem em torno de um objetivo comum. Leia o manifesto da ONG Amigos do Bem.

> [...] o grupo de 20 amigos que em 1993 chegou ao sertão nordestino com doações, multiplicou-se em milhares de voluntários que transformam a vida de mais de 60 mil pessoas.
>
> Nós acreditamos que o voluntariado é a força motriz de transformação. [...] Nosso lema é "Se não posso fazer tudo o que devo, devo ao menos fazer tudo o que posso".
>
> Os Amigos do Bem já provaram, através de projetos nas áreas de educação, geração de renda, saúde e infraestrutura, que **erradicar** a miséria e a desigualdade é possível! [...]
>
> Manifesto de nossa instituição. **Amigos do Bem**. Disponível em: <www.amigosdobem.org/historia-da-ong/>. Acesso em: jul. 2018.

Erradicar: eliminar.

a) De acordo com o texto, qual é o objetivo da ONG Amigos do Bem?

b) Quais são as áreas de atuação da ONG Amigos do Bem?

2 Assinale somente as afirmativas que apresentam características da Constituição federal do Brasil de 1988.

☐ É considerada a mais autoritária de nossa história.

☐ Assegura igualdade política e social aos cidadãos.

☐ Garante direitos a indígenas e quilombolas.

☐ Garante os direitos das crianças, mas não das mulheres.

☐ É contrária a preconceito social, racial ou religioso.

3 Observe as fotografias abaixo e responda às perguntas.

Pessoas em situação de rua em Joinville, estado de Santa Catarina, em 2017.

Moradia de alto padrão em Florianópolis, estado de Santa Catarina, em 2015.

a) Que diferenças você observa entre as cenas retratadas?

b) A Constituição federal do Brasil de 1988 garante o direito a condições de vida adequadas e dignas a todos os cidadãos. Com base na observação das fotografias, esse direito é respeitado na prática? Por quê?

4. Leia as frases a seguir e classifique-as de acordo com a legenda.

C – Constituição de 1988.

E – Estatuto da Criança e do Adolescente.

☐ Proteção contra maus-tratos.

☐ Garantia de direitos das mulheres.

☐ Direito de brincar e estudar.

☐ Direito de voto a todos os cidadãos.

5. Observe a imagem abaixo.

Rua em Campo Mourão, no Paraná, em 2018.

a) Que dificuldade o cadeirante enfrenta nessa situação?

b) Na sua opinião, o que deve ser feito para que situações como essa não se repitam?

Direito de ser igual e diferente

6 Observe as imagens e responda às perguntas a seguir.

Mulheres participam de ato a favor da igualdade de direitos e pelo fim da violência contra as mulheres em Recife. Foto de 2018.

Manifestação popular contra a violência sofrida pela população negra no Brasil, em São Paulo. Foto de 2015.

a) O que é mostrado na imagem **1**? E na imagem **2**?

b) Que semelhanças você observa entre as imagens?

c) Por que você imagina que essas pessoas realizaram essas manifestações?

d) Você concorda com as reivindicações dessas pessoas? Por quê?

7 Classifique as frases abaixo de acordo com a legenda.

A – Estatuto da igualdade racial.

B – Estatuto do idoso.

C – Declaração Universal dos Direitos Humanos.

- [B] Leis criadas para defender os direitos das pessoas com mais de 60 anos em áreas como saúde, educação e cultura.
- [C] Documento em defesa das liberdades e direitos básicos de todas as pessoas.
- [A] Conjunto de leis que combatem qualquer tipo de discriminação baseada em cor ou descendência.

8 Leia o texto abaixo.

> [...] Agora portanto a Assembleia Geral proclama a presente Declaração Universal dos Direitos Humanos como o ideal comum a ser atingido por todos os povos e todas as nações, com o objetivo de que cada indivíduo e cada órgão da sociedade tendo sempre em mente esta Declaração, esforce-se, por meio do ensino e da educação, por promover o respeito a esses direitos e liberdades [...].
>
> UNICEF Brasil. Disponível em: <www.unicef.org/brazil/pt/resources_10133.htm>. Acesso em: jul. 2018.

- De acordo com o texto, quem deve procurar atingir as metas da Declaração Universal dos Direitos Humanos?

9 A cidadania é o exercício dos direitos de todas as pessoas, assim como o cumprimento de seus deveres em sociedade. Com base nessas informações, cite um exemplo de como é possível exercer a cidadania.